GUÍA DE LECTURA

Escrita por Julie Mestrot
Traducida por Marta Sánchez Hidalgo

Guerra y paz

de León Tolstói

Entiende fácilmente la literatura con

ResumenExpress.com

www.resumenexpress.com

LEÓN TOLSTÓI 1

Escritor ruso

GUERRA Y PAZ 2

Un monumento de la literatura rusa

RESUMEN 3

ESTUDIO DE LOS PERSONAJES 18

La familia Bezújov
La familia Bolkonski
La familia Rostov

CLAVES DE LECTURA 24

Más allá de los cuadros tradicionales de la novela
Una novela de aprendizaje
Una crónica histórica

PISTAS PARA LA REFLEXIÓN 31

Algunas preguntas para profundizar en su reflexión...

PARA IR MÁS ALLÁ 33

LEÓN TOLSTÓI

ESCRITOR RUSO

- **Nacido en 1838 en Yásnaia (Rusia)**
- **Fallecido en 1910 en Astápovo (Rusia)**
- **Algunas de sus obras:**
    - *Los Cosacos* (1863), novela
    - *Anna Karenina* (1877), novela
    - *La muerte de Iván Ilich* (1886), novela corta

El conde León Nikoláievitch Tolstói, conocido como León Tolstói, nació en 1838 en Yásnaia, en Rusia y murió en 1910 en Astápovo, también en Rusia. Tolstoi llegó a conocer la gran influencia y el enorme éxito de su obra en el público. Sus novelas (*Guerra y paz*, 1863-1869; *Anna Karenina*, 1877; *Resurrección*, 1899) y sus numerosas novelas cortas se caracterizan por la importancia y la riqueza de los análisis psicológicos y por su dimensión moral y filosófica, y testimonian la importancia de la búsqueda espiritual que Tolstói lleva a cabo toda su vida.

GUERRA Y PAZ

UN MONUMENTO DE LA LITERATURA RUSA

- **Género:** novela
- **Edición de referencia:** Tolstói, León. 2005. *Guerra y paz*. Traducido por Gala Arias Rubio, Barcelona: Mondadori
- **Primera edición:** 1869
- **Temáticas:** Napoleón, Rusia, siglo XIX, guerra, Alejandro I de Rusia, aristocracia, familia, sociedad, amor

Guerra y paz, escrita entre 1865 y 1869, es una obra monumental cuyas dimensiones exceden los marcos tradicionales de la novela. Con unas dos mil páginas y más de quinientos personajes, es una crónica histórica y realista de las guerras napoleónicas en Rusia. La riqueza, la precisión de los detalles y del análisis psicológico y las reflexiones teóricas sobre la historia contribuyen a hacer de *Guerra y paz* fuera de lo normal la obra cumbre de la literatura mundial. Además, ha tenido mucho éxito desde su publicación.

RESUMEN

LIBRO I

Primera parte

En 1805, en San Petersburgo, se celebra una fiesta que reúne a lo mejor de la aristocracia: el príncipe Andréi Bolkonski, triste y taciturno, y su mujer Lise, embarazada, que destaca por su dulzura y su encanto; Pierre, el hijo ilegítimo del conde Bezújov, que ha vuelto del extranjero y que no sabe comportarse en el mundo; el príncipe Vasili Kuraguin y dos de sus hijos, Hipólito, un niño de mal comportamiento, y Elena, considerada la mujer más bella de la ciudad.

Después de la fiesta, Pierre va a cenar a casa de su amigo de la infancia: el príncipe Andréi. Se sabe que éste ha decidido alistarse en el ejército ruso y que debe combatir en Austria. Anima a Pierre a que escoja una carrera de acuerdo con los deseos de su padre y a que renuncie a su vida licenciosa.

En Moscú, el conde y la condesa Rostov los reciben en su casa. Los niños viven sus primeros romances en una atmósfera alegre y tranquila: Natasha Rostov está enamorada de Borís Drubetskóy, hijo de una amiga de la condesa que los Rostov acogieron bajo su protección; Nikolái Rostov hace un juramento de amor a su prima Sonia, que también vive en casa de los Rostov.

En San Petersburgo, el conde Bezújov, padre de Pierre, está al borde de la muerte. Los herederos demuestran hostilidad, pero Pierre parece ser el único que no entiende los conflictos mezquinos que animan a cada uno. Sin embargo, su padre lo nombra heredero único en su testamento cuando muere. Desde entonces Pierre es el muy rico conde Bezújov.

Fuera de la capital, en Lysyie Gory, en las tierras de la familia Bolkonski, el príncipe se dispone a unirse al ejército y deja a su mujer a cargo de su padre y de su hermana María. Muestra en su despedida la frialdad que le caracteristiza, pero también cierto desprecio hacia su mujer.

Segunda parte

En Austria, cerca de Braunau, el general Kutúzov (1745-1813) pasa revista al regimiento. El príncipe Andréi, ayudante de campo, participa en una reunión de estado mayor con los oficiales superiores. Observa a distancia las cuestiones de las altas esferas del poder militar.

Nikolái Rostov se alista en un escuadrón de húsares y traba amistad con su superior, el capitán Denísov. Nikolái, que es ingenuo, agitado y admira enormemente al emperador Alejandro I (1777-1825), arde en deseos de luchar para demostrar su valentía y su sentido del honor.

El general austríaco Mack (1752-1828) ha sufrido una derrota en Ulm (15-20 de octubre de 1805). Las tropas rusas se retiran más allá de Viena e intentan unirse con el ejército austríaco. Las tropas napoleónicas los persiguen. En el paso del río Enns, Nikolái pasa su bautismo de fuego.

Los rusos se llevan la victoria en la batalla de Krems. El príncipe Andréi se encarga de ir a la corte de Austria para anunciar la noticia al emperador Francisco I (1768-1835). Le impresiona la indiferencia de los austríacos y se desilusiona con el poder.

El general Bagratión se encarga de bloquear al ejército napoleónico bajo las órdenes de Murat (mariscal de Francia y rey de Nápoles, 1767-1815) para que las tropas austríacas y rusas puedan unirse. En la batalla de Schoengraben, Nikolái resulta levemente herido.

Tercera parte

En San Petersburgo, Pierre se casa con la suntuosa y sensual Elena, hija del príncipe Vasili. Este, por su parte, va con su hijo Anatoly a Lysyie Gory para concertar un matrimonio entre Anatoly y la rica yfea princesa María Bolkonski, hermana del príncipe Andréi. Pero como Anatoly corteja a la dama de compañía de María, esta rechaza su petición de matrimonio.

Nikolái Rostov, Borís Drubetskóy y el príncipe Andréi se encuentran en el campo de Olomouc. Con el apoyo del príncipe Andréi, Borís es nombrado ayudante de campo.

En contra de la opinión del general Kutúzov, se prepara una ofensiva austro-rusa: la batalla de Austerlitz (2 de diciembre de 1805). El príncipe Andréi, gravemente herido y dado por muerto, sufre una crisis metafísica: el ejército francés lo entrega a la población local para que lo cuiden. Nikolái Rostov en la huida se da cuenta de la debilidad del zar.

LIBRO II

Primera parte

En Moscú, Nikolái, de vuelta con su familia, asiste a un banquete en honor del general Bragatión. En la fiesta Pierre se entera de la aventura de su mujer con Dólojov y lo reta a duelo. Pierre lo hiere levemente y luego, humillado y decepcionado, rompe con su mujer.

En Lysye Gory todo el mundo está de luto por el príncipe Andréi, pero éste vuelve justo cuando su mujer está dando a luz. Por desgracia, Lisa Bolkonski muere en el parto dejando un niño, Nikolái. El príncipe Andréi, que ha cambiado profundamente tras la experiencia de una muerte inminente en el campo de batalla, tiene remordimientos por su comportamiento con su mujer y se vuelve más sensible.

En las navidades de 1906, en Moscú Nikolái Rostov es ascendido a ayudante de campo del gobernador y lleva la vida licenciosa de los jóvenes oficiales que descansan. El malicioso Dólojov lo lleva por el mal camino del juego y pierde grandes sumas de dinero. Dólojov es amigo de Anatoly Kuraguin, igual de libertino. Surge una nueva faceta del personaje al enarmorarse desesperanzadamente de Sonia. Sin embargo, esta sigue unida a Nikolái Rostov. Pero éste, transformado por la guerra, se aleja de ella y vuelve al ejército.

Segunda parte

Pierre, que es rico pero está perdido, no sabe a qué dedicar su existencia. A pesar de las peticiones del príncipe Vasili, rechaza reconciliarse con su mujer. En el camino a San

Petersburgo, conoce a un masón. Como cree que así podrá darle un sentido y una dirección a su vida, se une a la orden. Se dirige a sus tierras del gobierno de Kiev para poner en práctica sus nuevas teorías y abolir la servidumbre. Sin embargo, fracasa en sus planes al no tener el conocimiento suficiente para tal fin.

En Lysye Gory, el príncipe Andréi, cerrado y pesimista, también se ocupa de sus tierras, pero con mucho éxito. Asiste sin decir una palabra al constante acoso de su padre a su hermana. La princesa María, fiel y piadosa, se ablanda y se somete al carácter irritable de su padre mientras cuida de su sobrino, un poco abandonado por el príncipe Andréi.

Pierre, entusiasta e ingenuo, visita al príncipe Andréi, que también sufre de melancolía. Su diferente temperamento no impide que su amistad se refuerce.

De vuelta al ejército, Nikolái siente una gran alegría al reencontrarse con Denísov, pero éste ha sido degradado por robar comida para su regimiento hambriento. Nikolái quiere intervenir y pide apoyo a Borís Drubetskóy, que se niega. Asiste estupefacto a la paz de Tilsit (25 de junio de 1807) entre Napoleón (emperador francés, 1769-1821) y Alejandro I.

Tercera parte

El príncipe Andréi, presa de una crisis moral, solitario y retirado en sus tierras, libera a sus siervos y construye colegios. Va al dominio de los Rostov en Otrádnoye (región de Leningrado) por negocios y allí ve por primera vez a Natasha Rostov, que le causa una fuerte impresión. Después de esto, decide volver al ejército y marcha a San Petersburgo, donde conoce al primer ministro Speransky (1772-1839), con el que se une y participa activamente en el gobierno.

Pierre rompe con la masonería porque sólo se atiende al propio interés y cae en la melancolía. Se reconcilia con su mujer, pero sigue distante. Esta es una de las personas más destacada en San Petersburgo y dirige un salón que reúne a personas importantes. Se une a Borís, lo que tortura a Pierre. Para su asombro, esta mujer que él considera superficial, el resto la considera muy espiritual.

Los Rostov, de vuelta a San Petersburgo, celebran la boda de su hija mayor, Vera, con Berg. Van a un baile en casa de un gran señor donde Natasha es presentada en sociedad. Pierre, el príncipe Andréi y el emperador están entre los invitados. El príncipe Andréi baila con Natasha. Se ven los días siguientes y se enamoran. El príncipe Andréi, antes de pedirla en matrimonio, va a casa de su padre para conseguir su aprobación, pero éste rechaza entregarle a su hija y exige un plazo de un año.

De vuelta a San Petersburgo, el príncipe Andréi pide a Natasha en matrimonio y se marcha al extranjero.

Cuarta parte

Nikolái Rostov, de acuerdo con los deseos de sus padres, pide permiso en el ejército y va a Otrádnoye. La situación económica de su familia no ha dejado de empeorar, sobre todo por el derroche e ingenuidad del conde, que gestiona muy mal sus asuntos. Pero Nikolái sigue viviendo rodeado de lujos. Después de una montería, asiste a una fiesta popular en la que Natasha, profundamente triste por la ausencia del príncipe Andréi, baila y canta. Demuestra ser una verdadera rusa.

Nikolái su pide a Sonia en matrimonio, para decepción de su madre, que habría querido verla casada con un mejor partido ya que era la única forma de salvar a la familia del desastre económico. La atmósfera de extraña felicidad en casa de los Rostov se deteriora. Nikolái vuelve al ejército mientras que su madre sigue en cama. El conde se va con Sonia y Natasha a Moscú para dejar descansar a la condesa.

En Moscú, Pierre lleva una vida desgraciada y sin objetivo alguno; el noviazgo de Natasha y el príncipe Andréi le ha entristecido de forma singular. Por su lado, Borís Drubetskóy, a fuerza de chanchullos, llega a concertar un matrimonio de interés con una mujer rica.

Natasha y su padre visitan al padre del príncipe Andréi, que se ha instalado en Moscú con su hija. El encuentro va muy mal y perturba a Natasha. Ésta participa sin embargo en la vida mundana moscovita. Conoce a Elena y a su hermano Anatoly. Después de un cortejo asiduo, Anatoly convence a Natasha para que huya con él. Ésta ignora que él ya está casado. La huida de Natasha queda impedida en el último momento, pero ésta ya ha roto por carta su noviazgo con el príncipe Andréi. Sufre ataques de nervios e intenta envenenarse. Pierre ordena a Anatoly Kuraguin que abandone Moscú. Ofrece su apoyo y amistad a Natasha.

LIBRO III

Primera parte

A finales del año 1811, Napoleón entra en Polonia y pasa el Niemen, el río que marca la frontera de Rusia. El emperador Alejandro I envía al general Balakov (1770-1873) a llevar a un mensaje al emperador francés, que resulta ser un hombre colérico, impetuoso e inconsciente.

El príncipe Andréi, de vuelta a Rusia, dolido por su ruptura con Natasha, busca a Anatoly para vengarse. Cuando llega al campamento de Drissa, decide dejar el estado mayor por el ejército.

Nikolái Rostov vive las peripecias de la vida militar, en la que se siente desde entonces a gusto. Participa en la batalla de Borodinó, primera batalla de la campaña de Rusia (24 de junio-30 de diciembre de 1812), de la que saldrán victoriosos los franceses. Los franceses siguen avanzando hacia Moscú.

En Moscú el emperador pide a los nobles que se movilicen en apoyo de la guerra. Pierre da dinero y siervos. Visita mucho a la familia Rostov. Como se da cuenta de lo que siente por Natasha, decide dejar de verla. Esta, que sigue enferma, empieza a concebir sentimientos religiosos. El último hijo de los Rostov, Petya, se alista en el ejército contra la voluntad de sus padres.

Segunda parte

Los franceses continúan avanzando hacia Moscú y se apoderan de Smolensk. Están a pocas leguas de Lysye Gory, donde están el anciano príncipe, la princesa María y el hijo del príncipe Andréi.

En San Petersburgo, nombran a Kutúzov general en jefe de los ejércitos. El emperador no lo aprecia mucho, pero la opinión pública lo apoya.

El anciano príncipe Bolkonski y su hija se aíslan en Bogucharovo, en las tierras privadas del príncipe Andréi, cerca de Lysye Gory. Por desgracia, el anciano príncipe sufre un ataque y muere. La princesa intenta irse a Moscú, pero se encuentra con sus campesinos se han rebelado. Nikolái Rostov, que estaba por casualidad con una parte de su regimiento en Bogucharovo, ayuda a la joven, a la que ve por primera vez. De inmediato sienten admiración y simpatía el uno por el otro. La princesa, con la ayuda de Nicolás, se va a la capital con su sobrino.

Pierre decide alistarse al ejército en Mozhaisk y luego en Borodinó. Sobrevive milagrosamente en la batalla de Borodinó (1812). El príncipe Andréi está gravemente herido; en el puesto de socorro está tumbado cerca de Anatoly Kuraguin, que también agoniza. Experimenta una especie de crisis metafísica, le perdona y descubre la verdad sobre el amor de Dios.

La batalla de Borodinó es una victoria relativa para los rusos. Pero Kutúzov es el único que la considera una victoria total y le cuesta conseguir el respeto de su estado mayor, donde aumentan los desacuerdos. El ejército ruso ha sufrido duras pérdidas y es incapaz de librar otra batalla.

Tercera parte

Kutúzov decide replegar el ejército más allá de Moscú y dejar así la capital en manos de los franceses.

En Moscú, Elena se convierte al catolicismo para poder divorciarse de Pierre. La mayoría de los moscovitas huyen. Sin embargo, Pierre, estremecido por el espectáculo de muerte y violencia que vio en Borodinó, decide quedarse en la capital, dejándose llevar por la locura. Quiere asesinar a Napoleón.

Los Rostov siguen en Moscú la víspera de la llegada de los franceses a la ciudad. Llevan un convoy de heridos a Moscú. Los Rostov deciden abandonar todas sus propiedades para llevar a los heridos con ellos en su huida.

Los franceses llegan a Moscú, completamente desierta, el 14 de septiembre de 1812. Durante tres semanas saquean la ciudad. Empieza un incendio y se extiende por la capital. Pierre, que busca a Napoleón I para matarlo, salva a un niño de la llamas y ayuda a una mujer agredida por los soldados franceses. Le aprisionan y está a punto de ser fusilado.

Los Rostov se enteran de que el príncipe Andréi es uno de los heridos de su convoy.

LIBRO IV

Primera parte

En San Petersburgo anuncian la pérdida de Moscú. El emperador, incapaz de comprender las excusas de Kutúzov, le imputa el abandono de la ciudad. Elena muere a consecuencia de una enfermedad.

Nikolái va a Voronézh para comprar caballos para el ejército. Allí conoce a la princesa María, con la que se quiere casar, aunque ya se ha comprometido con Sonia. Pero se entera por carta de que ésta le devuelve su palabra. También se entera de que el príncipe Andréi está con los Rostov en Yaroslavl. María decide ir.

En este tiempo, Natasha cuida con devoción al príncipe Andréi, que no mejora. Éste le ha perdonado su traición y le ha declarado de nuevo su amor. Cuando la princesa María llega, el estado del príncipe Andréi ha empeorado más. Natasha y María, que cuidan del enfermo, traban una profunda amistad. El príncipe Andréi muere.

Segunda parte

Las relaciones entre Kutúzov, el estado mayor y el ejército siguen empeorando.

Napoleón I intenta mantener el orden en Moscú, pero su ejército se divide. La ciudad continúa en llamas. Alejandro I rechaza la paz propuesta por el emperador francés. Los franceses deciden irse de Moscú sin haber conseguido una victoria decisiva.

Pierre sigue en cautividad. Experimenta una verdadera transformación interior: descubre la posibilidad y la naturaleza de la verdadera felicidad, la clave de una fuerza moral que nunca ha tenido y siempre ha buscado.

Las tropas francesas abandonan Moscú. Los soldados se van en una confusión general, cargados con todo lo que han robado. Pierre forma parte del convoy de los prisioneros rusos que sale con los franceses.

Kutúzov se niega a atacar a los franceses. Se topa con la incomprensión del estado mayor. Napoleón I da la orden de retirada hacia Smolensk. Kutúzov ordena que no se obstaculice la huida de los franceses.

Tercera parte

El ejército ruso se contenta con seguir a las tropas francesas en desbandada sin provocar ninguna batalla importante. Progresivamente, el ejército ruso se divide también en pequeños destacamentos que atacan a los franceses sin orden. Es el principio de una guerrilla. Los campesinos se arman a su vez contra los franceses.

El invierno llega. En unas condiciones dramáticas, los franceses pierden en su huida a millares de hombres agotados. El ejército ruso se reduce dos tercios.

Pierre, que sigue prisionero, resiste gracias a su vigor, pero sus compañeros rusos, prisioneros también, mueren uno tras otro. En esta guerrilla, Denísov, el amigo de Nikolái, decide atacar contra las órdenes recibidas el convoy de los prisioneros rusos. Se unen a él Petya Rostov y el regimiento de Dolójov y libera a los prisioneros, entre los que se encuentra Pierre. Petya Rostov muere en la ofensiva.

Cuarta parte

En Yaroslavl, María y Natasha, cada vez más unidas, están de luto por Andréi. La familia Rostov se entera de la muerte de Petya. La condesa, loca de tristeza, a la que sólo Natasha es capaz de calmar, permanece junto a ella.

En contra de la opinión de Kutúzov, emprenden una ofensiva en Krásnoye que ganan los rusos. Ahora parece que han conseguido la victoria total. Los franceses continúan su huida y atraviesan el famoso paso del Berezina. Sólo queda una centésima parte del ejército de Napoleón.

El emperador sigue descontento con la estrategia adoptada por Kutúzov. Como a la mayoría, le gustaría que las tropas rusas impidieran la huida francesa y ganaran a los franceses en suelo ruso. Parece que nadie entiende la inteligencia de Kutúzov. Sin embargo, el emperador lo condecora. Poco tiempo después, Kutúzov muere agotado y mayor.

De vuelta a Moscú, Pierre está cambiado. Su carácter se ha fortalecido, sus arrebatos melancólicos lo han abandonado definitivamente y ve la belleza en el mundo. Vuelve a ver a María y a Natasha, que también están en Moscú. Hablan del príncipe Andréi y de la cautividad de Pierre. Natasha y Pierre descubren en poco tiempo que están enamorados. Después de los repetidos duelos, Natasha puede renacer por fin.

EPÍLOGO

Primera parte

El autor hace un balance de los sucesos históricos, políticos y militares que aparecen en la novela. Muestra las verdaderas causas que lo presidieron, negando a los héroes y al azar todo poder, afirmando la importancia de la fatalidad.

Pierre y Natasha se casan en 1813. La familia Rostov está arruinada y el viejo conde muere poco después que su hijo Petya. Nikolái tiene que abandonar la carrera militar para permanecer junto a su madre. Sacrificándose por la felicidad de ésta, se esfuerza en pagar las deudas y consigue un trabajo en la administración.

Cuando María Bolkonski va a Moscú, Nikolái, por orgullo, se niega a volver a verla: no quiere que piensen que está interesado en la fortuna de la rica princesa. No obstante, se casan en 1814.

En Lysye Gory, Nikolái se ocupa con fervor e inteligencia de sus tierras y concede mayor importancia a sus campesinos. Admira en su mujer su vida espiritual que él no tiene. María da a luz a muchos niños, entre ellos una niña que llamarán Natasha.

El 5 de diciembre de 1820, Natasha, Pierre y sus hijos están en Lysye Gory en casa de Nikolái y María. Natasha está cambiada: como es madre, consagra su vida a su marido y a sus hijos, renunciando así a toda coquetería y a la vida mundana. En Lysye Gory también se encuentra el príncipe Nikolái, hijo del príncipe Andréi. Ahora es un joven oscuro y frágil que profesa una admiración desesperada por Pierre, que es para él una especie de modelo paternal.

Por la noche Nikolái y María y luego Pierre y Natasha tienen conversaciones íntimas. Estas discusiones demuestran entendimiento y armonía entre las dos parejas.

Segunda parte

El autor diserta sobre las principales corrientes de la ciencia histórica. Muestra la debilidad teórica de la mayoría de los historiadores e indica una nueva dirección que permitirá explicar mejor los acontecimientos históricos.

Seguidamente el autor considera la cuestión filosófica de la libertad y el determinismo. Demuestra en qué medida no se pueden excluir una u otra de estas ideas.

ESTUDIO DE LOS PERSONAJES

LA FAMILIA BEZÚJOV

Pierre Bezújov

Pierre es el hijo ilegítimo del conde Bezújov y hereda a la muerte de éste su título y fortuna, lo que hace que sea un personaje de gran importancia en el panorama de la aristocracia rusa. Es el amigo íntimo del príncipe Andréi. Primero se casa con Elena Kuraguin y, tras la muerte de la joven, con Natasha Rostov, con la que tiene muchos hijos.

Pierre es un hombre ingenuo y bueno, en general torpe y la mayoría lo considera original. Es indeciso y débil, pero muy interesado por la política. Busca una forma de comprometerse activamente para mejorar el destino de la humanidad. Pero, desprovisto de inteligencia práctica, soñador e idealista, sus tentativas suelen entenderse mal y considerarse inútiles.

Pierre, dividido por sus ideales y la realidad, es desgraciado y frágil en la primera parte de la novela. Su confrontación con la realidad de la muerte y la violencia durante la guerra de 1812 le hace concebir la verdadera fuente de la felicidad, así como la belleza y la fuerza vital que se encuentran en todas las cosas. Después cambia y pierde su temperamento melancólico para convertirse en un hombre firme, seguro y tranquilo que impone respeto a todos.

Pierre es un personaje complejo y principal en *Guerra y paz*. Su psicología, presente desde el principio de la novela, está muy detallada y hace que sea interesante. Se suele relacionar este personaje al mismo Léon Tolstói.

El príncipe Vasili Kuraguin

El príncipe Vasili es pariente del anciano conde Bezújov y espera en vano beneficiarse de las disposiciones testamentarias del conde. Es un intrigante que intenta establecer la posición económica de sus hijos, cuya estupidez reconoce con amargura. De esta forma consigue casar a su hija Elena con Pierre.

Elena Kuraguin

Elena Kuraguin es bella y sensual, y aunque parece una concha vacía, goza de un gran prestigio en la aristocracia rusa. Es manipuladora e infiel, tiene una aventura con Dolójov, un juerguista hipócrita y recalcitrante. Más tarde, se convierte al catolicismo sólo con el objetivo de poder divorciarse de Pierre y casarse con uno de sus numerosos amantes.

Anatoly de Kuraguin

Anatoly de Kuraguin, seductor incorregible y juerguista recalcitrante, malgasta la fortuna de su padre, el príncipe Vasili. Es amigo de Dolójov. La princesa María Bolkonski se niega a casarse con él después de haberle visto cortejar a su dama de compañía. Luego seduce a la inocente Natasha y la convence de que huya con él. De esta forma la condena sin escrúpulos al deshonor. Muere en la guerra de 1812.

Hipólito Kuraguin

Hipólito Kuraguin está presente únicamente en el primer

libro y posee una rara estupidez. Sin embargo, es orgulloso y arrogante. Corteja sin reparos a la mujer del príncipe Andréi, Lisa Bolkonski.

LA FAMILIA BOLKONSKI

El príncipe Andréi

Es el otro personaje principal de la novela junto a Pierre Bezújov. Andréi, muy distinto de su amigo, es un hombre frío, racional, muchas veces irónico, que parece amargado y cansado de lo que le ofrece la vida. Sólo parece animarle la presencia de Pierre. No quiere a su primera mujer, Lisa, que es dulce y cariñosa y muere después de traer al mundo a un hijo: Nikolái.

A diferencia de Pierre, es un hombre de acción, ambicioso y fuerte, que se compromete activamente en la guerra y en la vida política. En la novela se codea con importantes personajes históricos y sus reflexiones sobre el poder coinciden con las del autor.

Su amor por Natasha parece ser lo único que lo puede sacar de la soledad amarga y desilusionada, pero la experiencia de la muerte inminente y de la agonía que sufre en Austerlitz en 1812 hace de él otro hombre. Entonces descubre el precio y el valor de una vida que siempre le había pesado. El relato de su muerte, ejemplar, narrado con una gran delicadeza psicológica, hace que sea un personaje de dimensiones metafísicas.

María Bolkonski

María, hermana del príncipe Andréi, es una mujer humilde, discreta y muy piadosa, que se sacrifica hasta el ascesis por su padre. María, acosada sin descanso por él, lo quiere tiernamente. Cuando el viejo conde muere, experimenta un alivio y una libertad que ella misma se reprocha. Demuestra un carácter muy firme.

Aunque María no sea guapa, la fuerza de su vida espiritual le confiere un cierto encanto inexplicable que conquista a Nikolái Rostov, con el que se casará al final de la novela y con el que tendrá muchos hijos.

El príncipe Nikolái Bolkonski

El padre de María y de Andréi es un personaje irascible, cruel, autoritario y carente de compasión y simpatía. Hace méritos con Catalina II (emperadora de Rusia, 1729-1796) en el poder y representa una época pasada. Muere unos días antes de la toma de Moscú.

Nikolái Bolkonski

Es el hijo de Andréi y de Lisa, se queda huérfano pronto, lo cría su tía María y adquiere la dimensión de personaje al final de la novela. El joven, frágil y discreto, busca desesperadamente amor y fuerza en Pierre y en el recuerdo de su difunto padre.

LA FAMILIA ROSTOV

El conde y la condesa Rostov

El conde y la condesa descienden de una estirpe menos prestigiosa que los Bezújov y los Bolkonski. Los dos son personajes afables, generosos y encantadores. El conde en particular es bueno, sencillo, despreocupado y generoso, lo que conduce a su familia a la ruina.

Tienen cuatro hijos: la mayor, Vera, es la menos querida; Nikolái, el hijo prodigio de la familia; la bella e impetuosa Natasha; Petya, el último, el más mimado. Se encargan también de la educación y cuidado de Borís Drubetskóy, hijo de una amiga de la condesa sin dinero, y de Sonia, una prima que también lo necesita.

Las escenas de la vida de la familia Rostov constituyen los momentos más distendidos y alegres de la novela: en la primera parte, su existencia parece una perpetua fiesta. La huida que fracasa, la enfermedad de su hija Natasha y la muerte de su hijo Petya constituyen, en contraposición, momentos extremadamente patéticos de la segunda parte de la novela.

El conde muere al final de la guerra de 1812 reprochándose la ruina de su familia. La condesa se queda entonces con su hijo y su hijastra.

Nikolái Rostov

Nikolái Rostov es un joven impetuoso, orgulloso y desenvuelto al principio de la novela. Ansía la gloria militar desde

1805, por eso se alista con los húsares. Hace carrera en el ejército y adquiere cierta madurez a lo largo de la novela. Al final se casa con María Bolkonski, por la que abandona a su prima Sonia, su amor de juventud.

Es un hombre principalmente de acción, no tiene la dimensión metafísica y espiritual de Pierre o de Andréi. Es recto y eficaz y restablece la situación económica de su familia. Para todas las cuestiones espirituales y morales confía en su mujer, María Bolkosnki.

Natasha Rostov

Natasha, impetuosa y avispada, sólo tiene trece años al principio de la novela. Ha crecido en la despreocupación y en el amor, es una fuente de alegría de vivir para todos, como lo era su padre, hasta su noviazgo con el príncipe Andréi. Su carácter chispeante, avispado, irracional y atrevido que constituye su fuerza de seducción se ve muy alterado por la ruptura de su noviazgo con el príncipe Andréi y por la muerte de éste y de su hermano pequeño. De esta forma sale de la infancia, parece que la guerra ha apagado su luz y que le ha inculcado el sentido del altruismo. Pero renace en contacto con Pierre, con el que se casa después de la guerra y se dedica únicamente a su familia.

CLAVES DE LECTURA

MÁS ALLÁ DE LOS CUADROS TRADICIONALES DE LA NOVELA

Por sus dimensiones excepcionales (cerca de dos mil páginas) y el número abrumador de sus personajes (unos quinientos), *Guerra y paz* excede el marco habitual de la novela europea. Por estas razones, Tolstói temía la reacción del público. En el apéndice «Algunas palabras a propósito del libro *Guerra y Paz*», el autor justifica su proyecto e insiste en la originalidad formal de su obra: ¿Qué es *La guerra y la paz*? No es una novela, menos aún un poema, menos aún una crónica histórica. La guerra y la paz es lo que ha querido y podido expresar el autor en la forma en que ha sido expresado».

Tolstói afirma que pocas obras de la literatura rusa pueden considerarse novelas según el modelo europeo de la época: un héroe, una acción principal, una búsqueda, una conclusión.

Más allá de estas dimensiones, la propia estructura de esta obra la diferencia de la novela europea tal y como la concibe Tolstói, puesto que la novela no sigue la acción de un personaje principal único, de un héroe. Al contrario, el texto traza los destinos parciales y cruzados de personajes numerosos y variados: aunque los destinos de Pierre, del príncipe Andréi y de Natasha y Nikolái Rostov tienen la particularidad de ser los más desarrollados, de coincidir a veces y de unirse al final de la novela, dedica casi la misma atención a describir a cada personaje. En el apéndice, Tolstói señala también que

Guerra y paz se diferencia de la novela europea porque no hay un final propiamente dicho, una conclusión que acabe de consolidar la búsqueda del personaje.

Finalmente, *Guerra y paz* se diferencia de las novelas tradicionales por la importancia inusual de los desarrollos teóricos y filosóficos del autor. A partir principalmente de los libros III y IV, cada parte comienza con consideraciones de Tolstói sobre los sucesos históricos, sobre la forma en la que se han interpretado y explicado, sobre la manera en que hay que entenderlos. La segunda parte del epílogo consiste sin embargo en una disertación filosófica sobre la fatalidad, la historia y la libertad humana. Esta última parte se había eliminado de las primeras ediciones de la obra porque parecía independiente y poco importante para las intrigas (lo que es muy cuestionable).

A pesar de todas estas particularidades y a pesar la opinión de Tolstói, podemos considerar esta obra una novela, por las amplias y confusas características que posee este género hoy en día. Sin embargo, es necesario reconocer el logro formal de la obra.

UNA NOVELA DE APRENDIZAJE

La novela de aprendizaje se caracteriza por la confrontación de un héroe con el mundo y por la evolución y maduración del personaje que surge de esta confrontación. El joven héroe desarrolla a lo largo de la novela una cierta concepción de la vida.

Aunque *Guerra y paz* se distingue de la novela de aprendizaje en el sentido de que la obra no sigue la evolución de un solo y único personaje, puede parecerse a este género porque muestra la evolución y maduración de una serie de personajes (consultar Estudio de los personajes).

Por otro lado, si bien no se puede percibir una visión única del sentido de la vida, se pueden extraer algunas características que tienen en común los personajes con una mayor psicología: el príncipe Andréi, Pierre, Nikolái Rostov, Natasha y María.

- En principio podemos constatar que presenta al príncipe Andréi y a Pierre al principio de la novela como personajes insatisfechos e indecisos. Los dos, a pesar tener caracteres muy diferentes, buscan el sentido de la vida, lo cual suele dejarlos melancólicos y sombríos. De esta forma son personajes dinámicos en el terreno psicológico que buscan confrontarse con el mundo. Estos personajes encontrarán la clave de la paz interior al enfrentarse a la guerra, la violencia y la muerte. Aunque el estado de paz en el sentido histórico se describe sistemáticamente como el reino de la hipocresía, de la mentira, de la superficialidad e incluso de la tontería, el estado de guerra permite que los personajes vean la verdad sobre la naturaleza humana, el equilibrio de las fuerzas de vida y muerte, la simplicidad de la felicidad. La guerra, paradójicamente, les permite reconciliarse con la existencia.
- Aunque Natasha, Nikolái y María no son como Andréi y Pierre, es decir, no están en busca de una espiritual voluntaria y deliberada, la experiencia de la muerte también es el motor de su evolución psicológica. Mientras que

Pierre y Andréi van deliberadamente a los campos de batalla, María y Natasha viven su propia experiencia de la muerte y del sufrimiento muy a su pesar. La maduración psicológica de Nikolái es menos radical, puesto que su experiencia de la guerra no lo transforma, sino que refuerza lo que ya es.

Tolstói reparte de forma explícita sus personajes en dos categorías: los hombres y las mujeres de acción y los que, al contrario, están principalmente animados por su propia vida espiritual. Lo ideal para un individuo era, al parecer, poder unir estas dos cualidades: la actividad, el compromiso real con el mundo y la meditación interior sobre los objetivos supremos de la vida. Esta unión es para Tolstói lo que condiciona la felicidad de los individuos. Al principio de la novela, Natasha, Nikolái y el príncipe Andréi están al lado de la acción. Pierre y María son personajes que actúan muy poco, pero que tienen una vida interior particularmente rica. Como atestigua el epílogo, el amor permite a los personajes encontrar este equilibrio entre acción y espiritualidad necesario para la felicidad: Natasha (del lado de la acción) se casa con Pierre (del lado espiritual) y María (del lado espiritual) se casa con Nikolái (hombre de acción). Cada cónyuge recibe de su pareja lo que les falta.

Tolstói presenta una cierta definición de la felicidad en todas las particulares vidas que relata. La felicidad sólo puede alcanzarse tras el desarrollo de una vida espiritual que haya dejado de errar y que haya encontrado el sentido profundo de la vida y de la verdad. Esta verdad consiste en reconocer que el sufrimiento es necesario y que la felicidad es simple, una verdad que se reduce a la satisfacción de las necesidades. Una vez que se reconoce esta verdad, el hombre es capaz de vivir en paz consigo mismo y con el mundo. Entonces es capaz de amar, más allá del mal, el sufrimiento y la mentira; es capaz de ver el poder del instinto de la vida en cada cosa y en cada ser.

UNA CRÓNICA HISTÓRICA

La novela de Tolstói, como él mismo afirma, no podría reducirse a una presentación cronológica de sucesos históricos (el título *Guerra y paz* puede interpretarse también en sentido psicológico). No obstante, hay que señalar la importancia de la dimensión histórica de la novela. De hecho, *Guerra y paz* se presenta como una novela histórica, género que se define por la mezcla sutil entre ficción y realidad. De esta forma, por un lado Tolstói muestra personajes ficticios con destinos ficticios y, por otro, informa con exactitud sobre los hechos y las fechas importantes de las guerras de 1805 y 1812. Además, se sabe que Tolstói se llevó a cabo una investigación histórica muy exhaustiva para redactar su novela. De esta forma, la vida de los personajes ficticios parece real según la verdad histórica.

La gran originalidad de *Guerra y paz* es que trata la verdad histórica desde un triple punto de vista:

- conocemos el punto de vista de los personajes ficticios que viven los acontecimientos;
- la novela ofrece muchos capítulos (principalmente en los libros III y IV) en los que Tolstói presenta personajes reales

como Napoleón, Alejandro I, Murat, Kutúzov, Speranski, etc. Además, en la edición de referencia encontramos un índice con estos personajes reales;
* finalmente, el mismo autor nos revela su punto de vista sobre los acontecimientos porque interviene directamente en la narración. A partir del libro III, cada parte comienza con las consideraciones del autor sobre lo que ocurre.

Esta estrategia narrativa permite narrar los acontecimientos en toda su complejidad y en sus aspectos más diversos. El punto de vista de los personajes ficticios permite al propio lector constatar el desarrollo y las consecuencias concretas de la guerra. El punto de vista de los personajes reales permite evaluar la importancia de lo político en el transcurso de los eventos. El punto de vista retrospectivo y destacado de Tolstói le permite una auténtica reflexión filosófica sobre el sentido de la historia.

Cabe destacar también que *Guerra y paz* se presenta como una novela de tesis que trata sobre la cuestión de la verdad de los acontecimientos históricos: para Tolstói, la Historia no se reduce a la historia de los grandes hombres que hacen la mayoría de los historiadores. No podemos explicar los acontecimientos sólo desde el punto de vista de los héroes de la historia, de los grandes hombres. Para el autor, la historia es el resultado de una multiplicidad de causas, la mayoría psicológicas, y no se puede reducir a unas decisiones tomadas por los hombres poderosos. Además, los grandes hombres son en realidad pasivos con respecto a los acontecimientos, como muestra Tolstói con el personaje de Kutúzov, jefe del ejército ruso, que permanece pasivo ante los acontecimientos, contentándose con guiarlos. Su fuerza de jefe de guerra reside en la intuición que tiene de lo que debe pasar necesariamente y más allá del azar o de la decisión.

Para entender los acontecimientos históricos, el autor cree que hay que poder considerar muchas causas de diversa naturaleza e interesarse en particular por la psicología de las masas. Así, personajes como el príncipe Andréi, Pierre o Nikolái están en mejores condiciones de entender la verdad sobre desarrollo de los hechos que grandes jefes como Napoleón.

PISTAS PARA LA REFLEXIÓN

ALGUNAS PREGUNTAS PARA PROFUNDIZAR EN SU REFLEXIÓN...

- ¿Le parecen las intervenciones del autor superfluas o necesarias en la economía de la novela, sobre todo a partir de la tercera parte y en el epílogo?
- ¿En qué aspecto adquiere el príncipe Andréi una dimensión metafísica a lo largo de la novela?
- ¿Cuál es el significado simbólico del personaje de Natasha?
- Analice las descripciones de la vida mundana de la aristocracia rusa. ¿En qué aspecto son criticables?
- Explique el título de la obra.
- En el capítulo 7 de la cuarta parte del libro II, Tolstói habla del «alma rusa» de Natasha. ¿Qué sentido tiene esta expresión?
- ¿En qué aspecto se distingue específicamente Pierre entre todos los personajes de la novela?
- ¿Por qué Tolstói describe a Napoleón como una «marioneta ridícula»[1]?
- ¿Le parece esta obra una exaltación de la gloria rusa?
- «El amor humano puede convertirse en odio, pero el amor divino no puede cambiar», escribe Tolstói en el capítulo 32 de la tercera parte del libro I. ¿En qué aspecto aclara esta frase la búsqueda psicológica y espiritual de los personajes?

---

1. Cita traducida por ResumenExpress.com

PARA IR MÁS ALLÁ

EDICIÓN DE REFERENCIA

- Tolstói, León. 2005. *Guerra y paz*. Traducido por Gala Arias Rubio, Barcelona: Mondadori.

ADAPTACIONES

- *Guerra y paz*. Dirigida por Sergéi Bondarchuk, con Ludmila Savelyeva, Vyacheslav Tikhonov y Sergéi Bondarchuk. Unión Soviética, 1967.
- *Guerra y paz*. Ópera de Sergéi Prokófiev, compuesta entre 1941 y 1952.

EN RESUMENEXPRESS.COM

- Guía de lectura de *Anna Karenina* de León Tolstói.